Impressum
Verlag: BABADADA GmbH, Nedderfeld 112 , 22529 Hamburg
Geschäftsführer / Verlagsleitung: Harald Hof
Druck: Books on Demand GmbH, In de Tarpen 42, 22848 Norderstedt

Imprint
Publisher: BABADADA GmbH, Nedderfeld 112 , 22529 Hamburg, Germany
Managing Director / Publishing direction: Harald Hof
Print: Books on Demand GmbH, In de Tarpen 42, 22848 Norderstedt, Germany

okul

училище

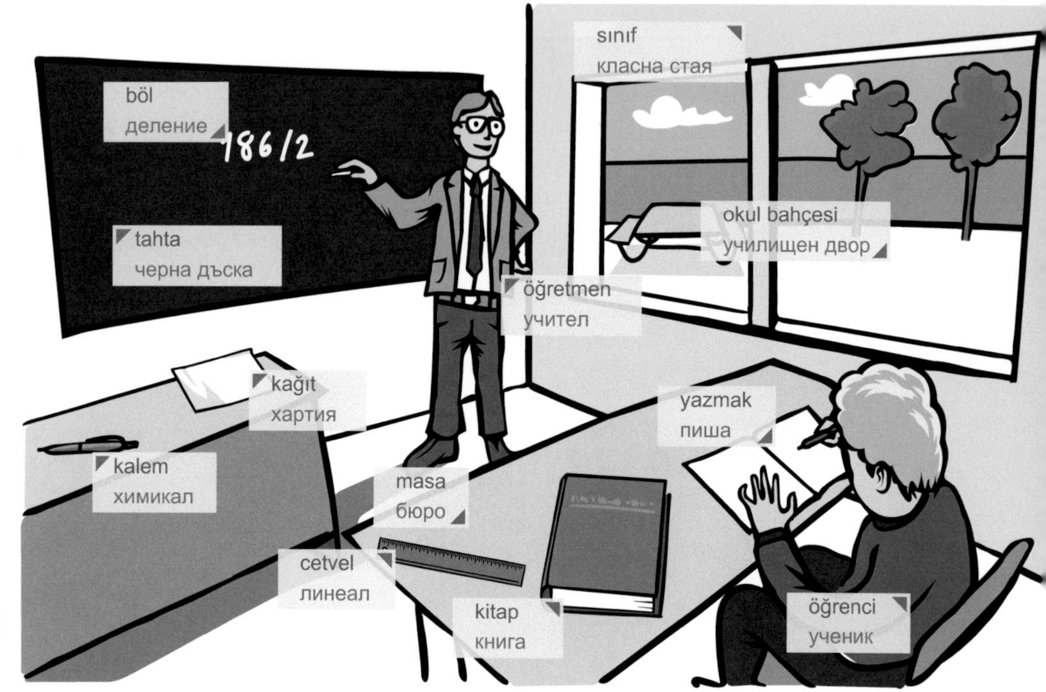
sınıf
класна стая
böl
деление
186/2
tahta
черна дъска
okul bahçesi
училищен двор
öğretmen
учител
kağıt
хартия
yazmak
пиша
kalem
химикал
masa
бюро
cetvel
линеал
kitap
книга
öğrenci
ученик

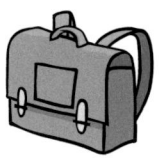

okul çantası

ученическа раница

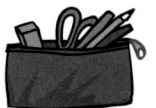

kalemlik

ученически несесер

kurşun kalem

молив

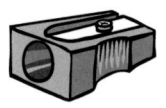

kalem açacağı

острилка за моливи

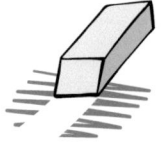

silgi

гума

çizim defteri

блок за рисуване

çizim

рисунка

resim fırçası

четка

boya kutusu

акварелни бои

makas

ножица

tutkal

лепило

alıştırma kitabı

тетрадка за упражнения

ödev

домашна работа

12

sayı

число

2+2

ekle

събиране

5-2

çıkar

изваждане

2×2

çarp

умножение

hesapla

смятане

A

harf

буква

ABCDEFG
HIJKLMN
OPQRSTU
VWXYZ

alfabe

азбука

kelime

дума

metin

текст

okumak

чета

tebeşir

тебешир

ders

час

kayıt

дневник на класа

sınav

изпит

sertifika

свидетелство

okul forması

ученическа униформа

eğitim

образование

ansiklopedi

справочник

üniversite

университет

mikroskop

микроскоп

harita

карта

kağıt çöp kutusu

кошче за хартиени
отпадъци

otel
хотел

Grand

pansiyon
хостел

ROOMS

döviz bürosu
обменно бюро

bavul
куфар

otomobil
кола

EXCHANGE

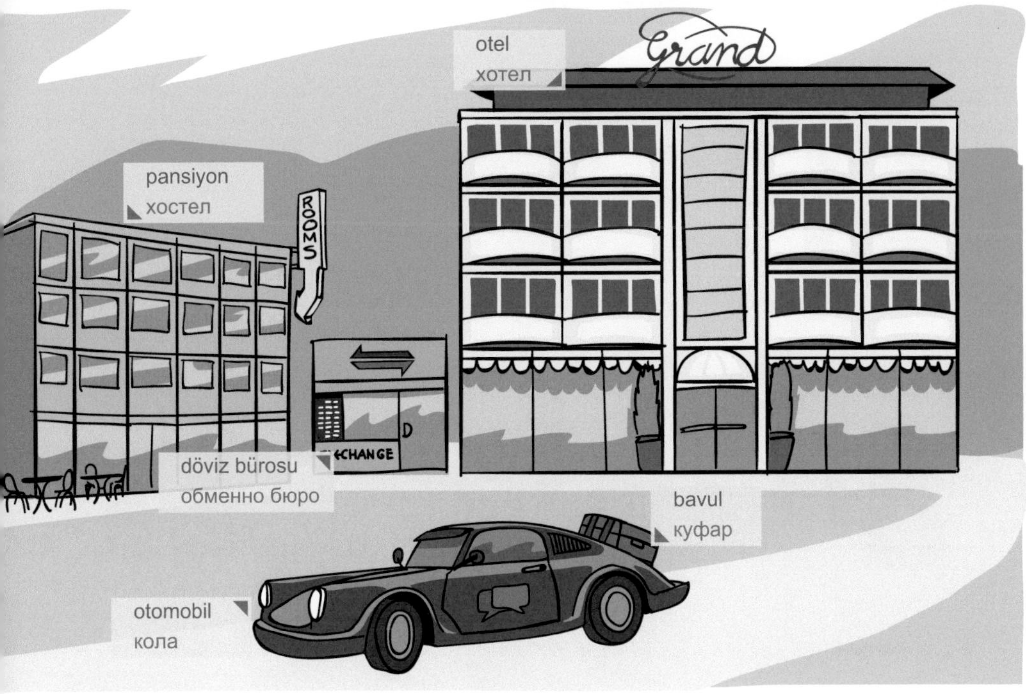

dil
....
език

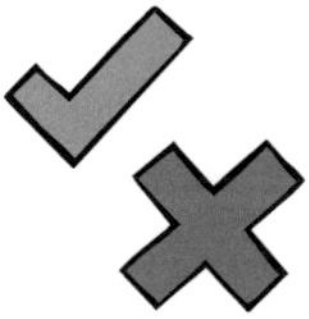

evet / hayır
....
да / не

Tamam
....
Окей

merhaba
....
здравей

çevirmen
....
преводач

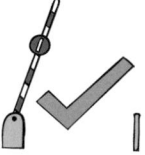

Teşekkür ederim
....
Благодаря

bu ... ne kadar?

Колко струва…?

anlamadım

Не разбирам

problem

проблем

İyi akşamlar!

Добър вечер!

Günaydın!

Добро утро!

İyi geceler!

Лека нощ!

güle güle

довиждане

yön

посока

bagaj

багаж

çanta

пътна чанта

sırt çantası

раница

misafir

посетител

oda

стая

uyku tulumu

спален чувал

çadır

палатка

turist danışma

уристическа информация

sahil

плаж

kredi kartı

кредитна карта

kahvaltı

закуска

öğle yemeği

обед

akşam yemeği

вечеря

Bilet

билет

asansör

асансьор

pul

пощенска марка

sınır

граница

gümrük

митница

elçilik

посолство

vize

виза

pasaport

паспорт

ulaşım

транспорт

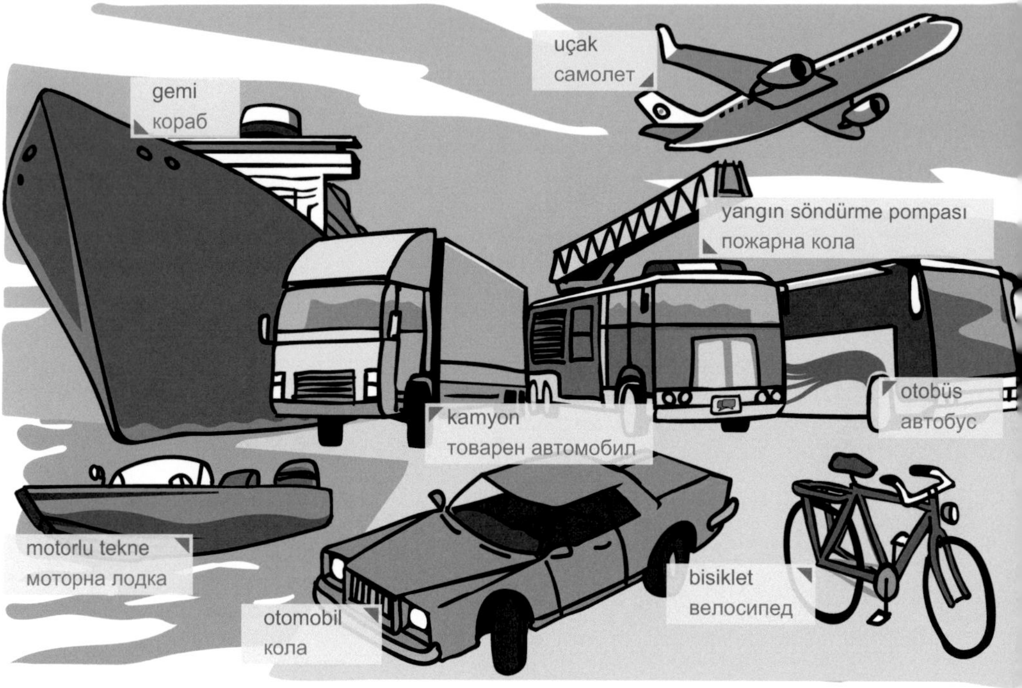
uçak
самолет
gemi
кораб
yangın söndürme pompası
пожарна кола
kamyon
товарен автомобил
otobüs
автобус
motorlu tekne
моторна лодка
otomobil
кола
bisiklet
велосипед

feribot

фериботу

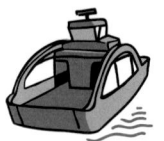

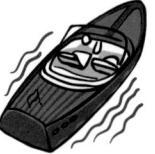

bot

лодка

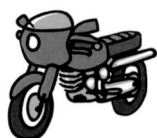

motosiklet

мотоциклет

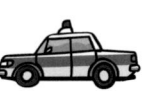

polis arabası

полицейска кола

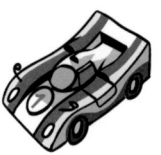

yarış arabası

състезателна кола

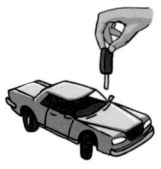

kiralık araba

кола под наем

ortak araba

каршеринг

çekici

автомобил от "Пътна помощ"

çöp kamyonu

сметовоз

motor

двигател

yakıt

бензин

benzinlik

бензиностанция

trafik işareti

пътен знак

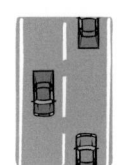

trafik

улично движение

trafik sıkışıklığı

задръстване

otopark

паркинг

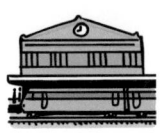

tren istasyonu

гара

ray

релси

tren

влак

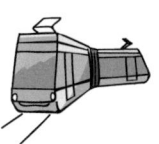

tramvay

трамвай

vagon

вагон

helikopter

хеликоптер

havaalanı

аерогара

kule

кула

yolcu

пасажер

konteyner

контейнер

koli

кашон

yük arabası

ръчна количка

sepet

кошница

kalkış / iniş

излитам / приземявам се

şehir

град

köy

село

şehir merkezi

градски център

ev

къща

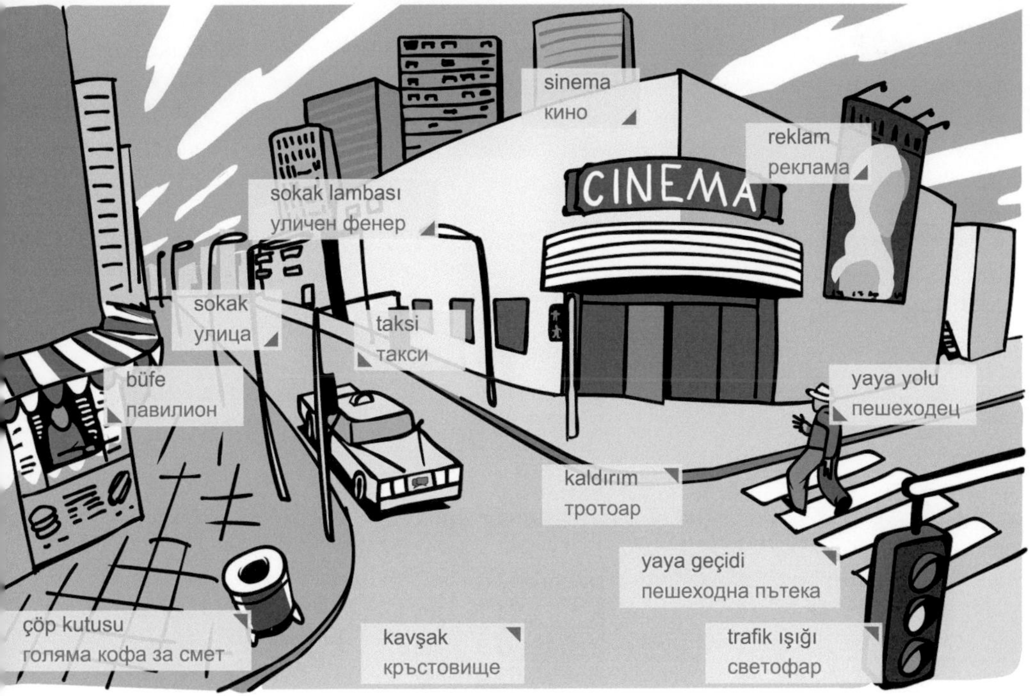

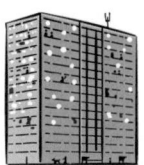

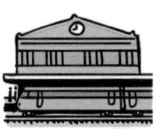

sinema
кино

reklam
реклама

sokak lambası
уличен фенер

sokak
улица

taksi
такси

büfe
павилион

yaya yolu
пешеходец

kaldırım
тротоар

yaya geçidi
пешеходна пътека

çöp kutusu
голяма кофа за смет

kavşak
кръстовище

trafik ışığı
светофар

kulübe
хижа

apartman dairesi
жилище

tren istasyonu
гара

belediye binası
кметство

müze
музей

okul
училище

şehir - град

11

üniversite

университет

banka

банка

hastane

болница

otel

хотел

eczane

аптека

ofis

офис

kitapçı

книжарница

mağaza

магазин за цветя

çiçekçi

магазин за цветя

süpermarket

супермаркет

market

пазар

büyük mağaza

универсален магазин

balık satıcısı

търговец на риба

alışveriş merkezi

търговски център

liman

пристанище

park

парк

bank

пейка

köprü

мост

merdiven

стълба

metro

метро

tünel

тунел

otobüs durağı

автобусна спирка

bar

бар

restoran

ресторант

posta kutusu

пощенска кутия

sokak tabelası

улична табелка

otopark sayacı

часовник за паркинг
престой

hayvanat bahçesi

зоологическа градина

yüzme havuzu

плувен басейн

cami

джамия

çiftlik

селски двор

kirlilik

замърсяване на околната среда

mezarlık

гробище

kilise

църква

oyun alanı

детска площадка

tapınak

храм

arazi

пейзаж

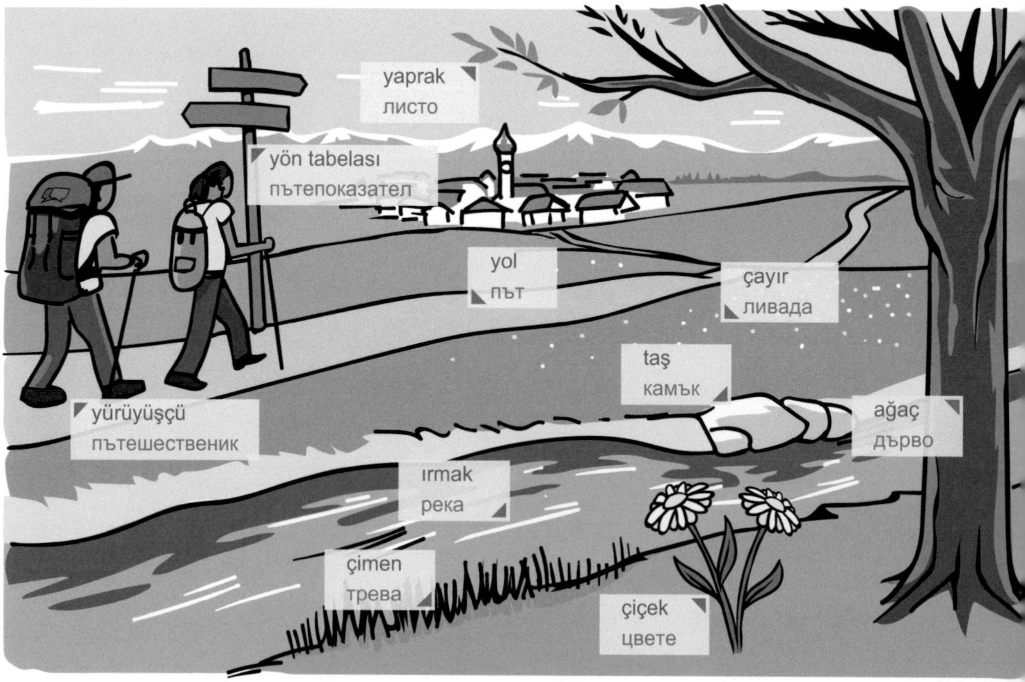

yaprak
листо

yön tabelası
пътепоказател

yol
път

çayır
ливада

taş
камък

ağaç
дърво

yürüyüşçü
пътешественик

ırmak
река

çimen
трева

çiçek
цвете

vadi
долина

tepe
планина

göl
море

orman
гора

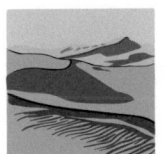

çöl
пустиня

volkan
вулкан

kale
замък

gökkuşağı
дъга

mantar
гъба

palmiye
палма

sivrisinek
комар

sinek
муха

karınca
мравка

arı
пчела

örümcek
паяк

böcek

бръмбар

kurbağa

жаба

sincap

катеричка

kirpi

таралеж

yabani tavşan

заек

baykuş

кукумявка

kuş

птица

kuğu

лебед

yaban domuzu

диво прасе

geyik

елен

geyik

лос

baraj

бент

rüzgar türbini

вятърна турбина

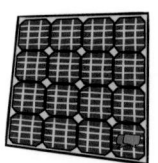

güneş paneli

соларен модул

iklim

климат

restoran
ресторант

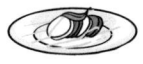

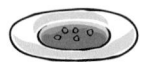

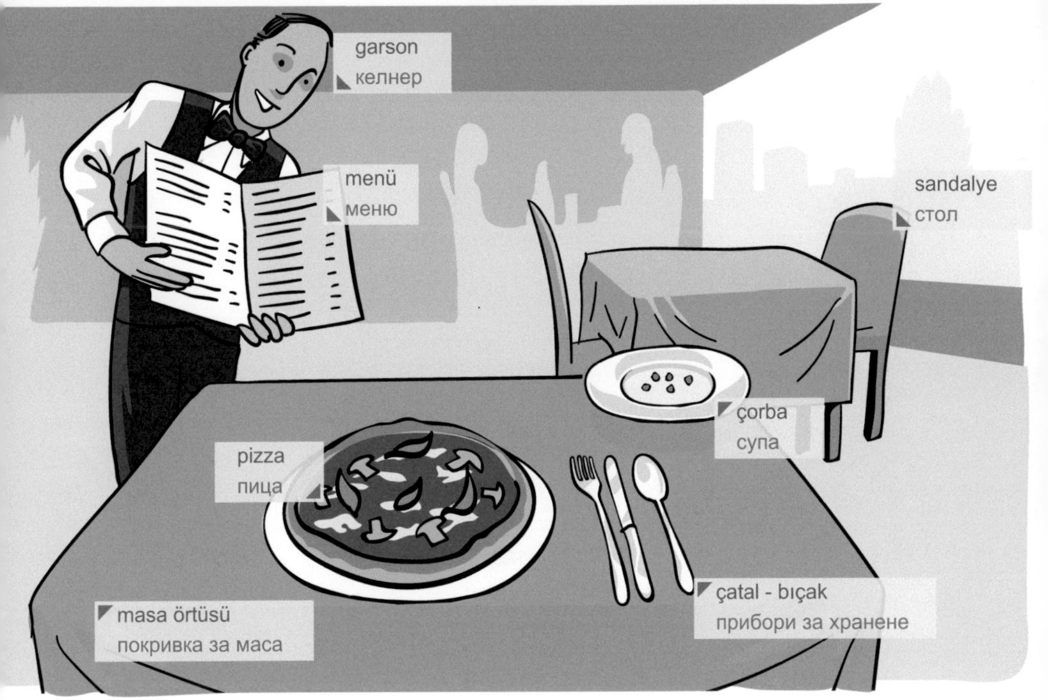
garson
келнер
menü
меню
sandalye
стол
çorba
супа
pizza
пица
çatal - bıçak
прибори за хранене
masa örtüsü
покривка за маса

başlangıç

предястие

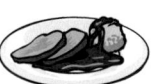

ana yemek

основно ястие

tatlı

десерт

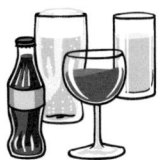

içecekler

напитки

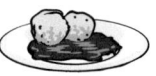

yemek

ядене

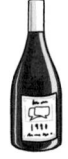

şişe

бутилка

fastfood

бързо хранене

sokak yemeği

улична храна

çaydanlık

кана за чай

şekerlik

кутия за захар

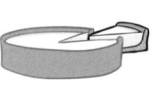

porsiyon

порция

espresso makinesi

еспресо машина

mama sandalyesi

висок детски стол

fatura

сметка

tepsi

табла

bıçak

ножица за нокти

çatal

вилица

kaşık

лъжица

çay kaşığı

чаена лъжичка

servis peçetesi

салфетка

bardak

стъклена чаша

restoran - ресторант

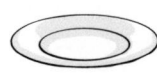

tabak

чиния

çorba kasesi

чиния за супа

fincan altlığı

чинийка

sos

сос

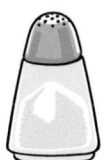

tuzluk

солница

karabiber değirmeni

мелничка за черен пипер

sirke

оцет

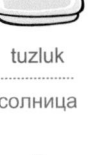

yağ

олио

baharat

подправки

ketçap

кетчуп

hardal

горчица

mayonez

майонеза

süpermarket

супермаркет

özel teklif
оферта
FOR
müşteri
клиент
süt ürünleri
млечни продукти
meyve
плодове
alışveriş arabası
количка за покупки

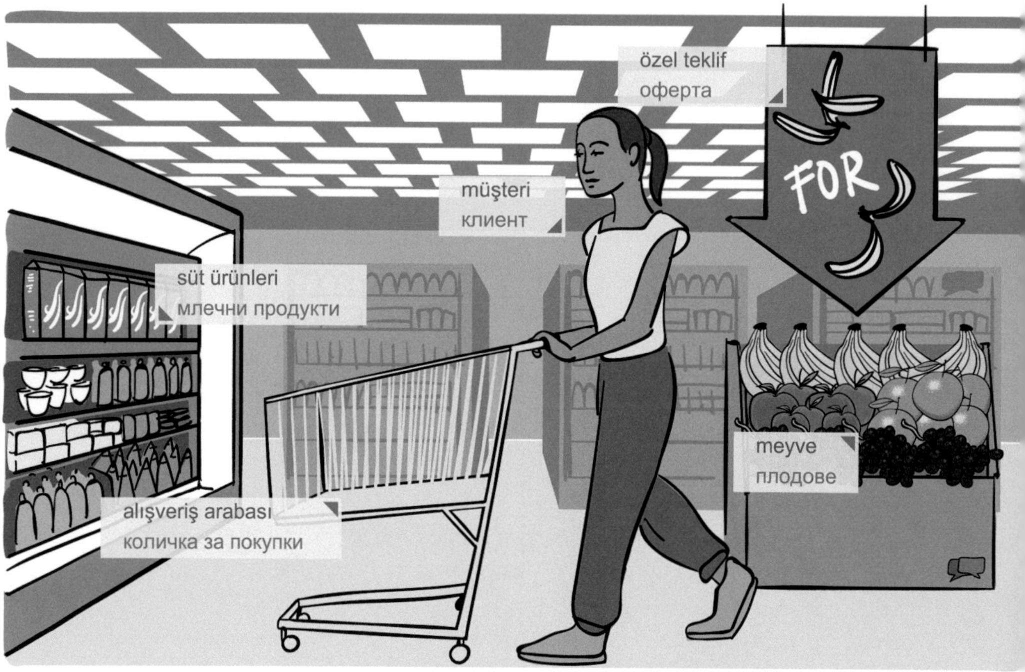

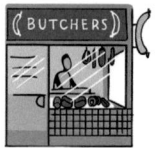

BUTCHERS

kasap

кланица

BAKERY

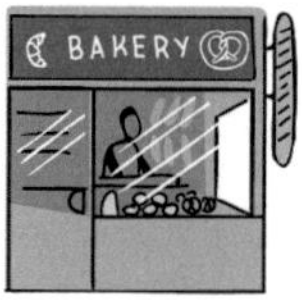

fırın

хлебарница

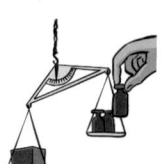

tartmak

тегля

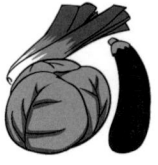

sebze

зеленчуци

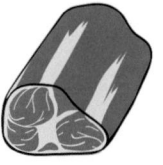

et

месо

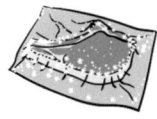

donmuş gıda

дълбоко замразена храна

söğüş et

нарязан колбас или сирене

konserve yiyecek

консерви

toz deterjan

перилен препарат

şekerlemeler

лакомства

ev temizlik ürünleri

домакински изделия

temizlik ürünleri

почистващи препарати

satış görevlisi

продавачка

yazar kasa

каса

kasiyer

касиер

alışveriş listesi

списък на покупките

açılış saatleri

работно време

cüzdan

портфейл

kredi kartı

кредитна карта

çanta

чанта

plastik poşet

пластмасова торба

su

вода

meyve suyu

сок

süt

мляко

kola

кола

şarap

вино

bira

бира

alkol

алкохол

kakao

какао

çay

чай

kahve

кафе машина

espresso

еспресо

kapuçino

капучино

muz

банан

elma

ябълка

portakal

портокал

kavun

пъпеш

limon

лимон

havuç

морков

sarımsak

чесън

bambu

бамбук

soğan

лук

mantar

гъба

çerez

ядки

makarna

макарони

spagetti

спагети

pirinç

ориз

salata

салата

cips

пържени картофи

patates kızartması

печени картофи

pizza

пица

hamburger

хамбургер

sandviç

сандвич

şinitzel

шницел

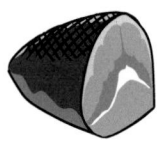

pastırma

шунка

salam

траен колбас

sosis

салам

tavuk

пиле

rosto

печено

balık

риба

yulaf ezmesi

овесени ядки

müsli

мюсли

mısır gevreği

корнфлейкс

un

брашно

kruvasan

кроасан

küçük ekmek

хлебчета

ekmek

хляб

tost

препечена филийка

bisküvi

бисквити

tereyağı

масло

kaymak

извара

kek

сладкиш

yumurta

яйце

sahanda yumurta

яйца на очи

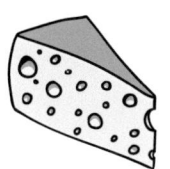

peynir

сирене

dondurma

сладолед

şeker

захар

bal

мед

reçel

мармалад

fındık ezmesi

нуга крем

köri

къри

çiftlik

селски двор

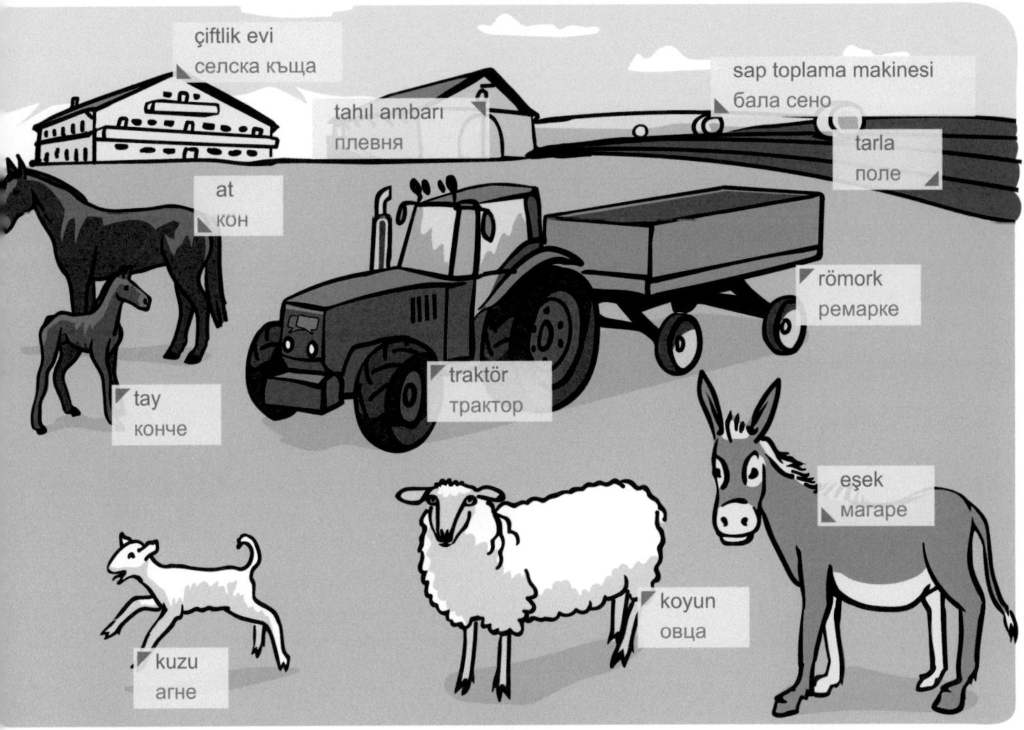

çiftlik evi
селска къща
sap toplama makinesi
бала сено
tahıl ambarı
плевня
tarla
поле
at
кон
römork
ремарке
traktör
трактор
tay
конче
eşek
магаре
koyun
овца
kuzu
агне

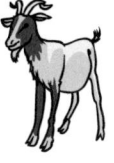

keçi

коза

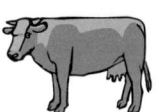

inek

крава

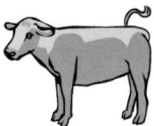

buzağı

теле

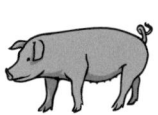

domuz

свиня

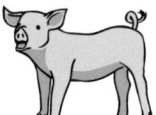

domuz yavrusu

прасенце

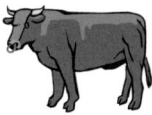

boğa

бик

kaz

гъска

ördek

патица

civciv

пиленце

tavuk

кокошка

horoz

петел

sıçan

плъх

kedi

котка

fare

мишка

öküz

вол

köpek

куче

köpek kulübesi

кучешка колиба

bahçe hortumu

градински маркуч

sulama kabı

лейка

tırpan

коса

pulluk

плуг

çiftlik - селски двор

orak

сърп

çapa

мотика

dirgen

вила за тор

balta

брадва

el arabası

ръчна количка

yemlik

корито

süt kovası

съд за мляко

çuval

чувал

çit

ограда

ahır

обор

sera

парник

toprak

земя

tohum

сеитба

gübre

тор

biçerdöver

комбайн

hasat etmek

жъна

harman

реколта

tatlı patates

ямс

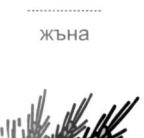

buğday

жито

soya

соя

patates

картоф

mısır

царевица

kolza

рапица

meyve ağacı

овощно дърво

manyok

маниока

hububat

зърнени храни

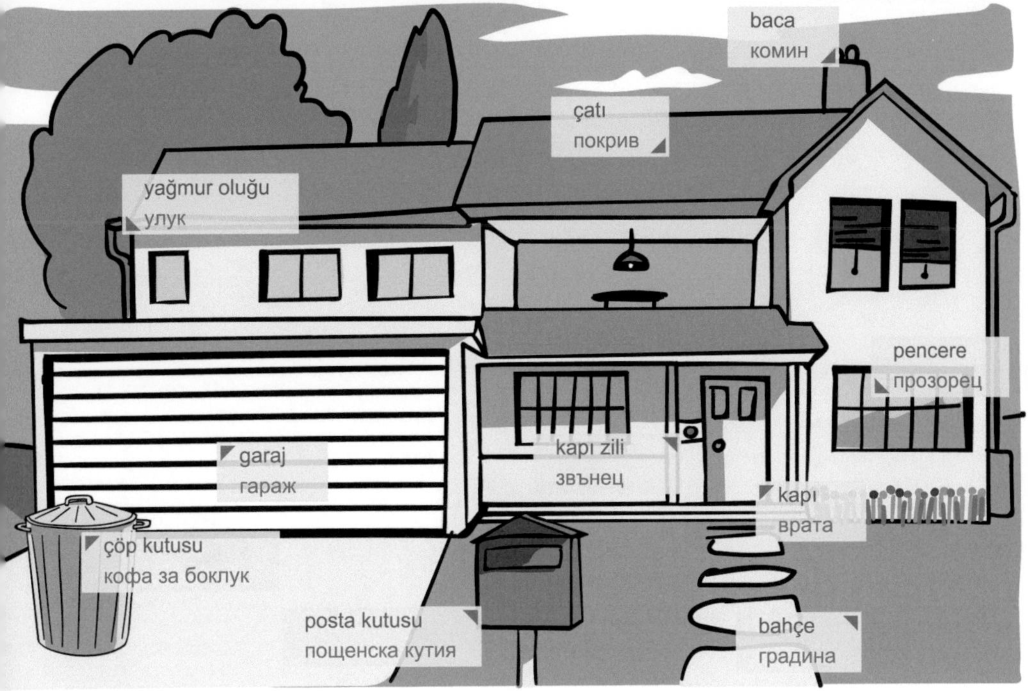

baca
комин

çatı
покрив

yağmur oluğu
улук

pencere
прозорец

garaj
гараж

kapı zili
звънец

kapı
врата

çöp kutusu
кофа за боклук

posta kutusu
пощенска кутия

bahçe
градина

oturma odası

всекидневна

banyo

баня

mutfak

кухня

yatak odası

спалня

çocuk odası

детска стая

yemek odası

трапезария

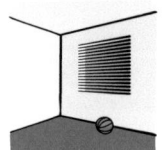

zemin

под

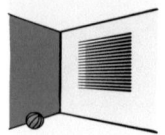

duvar

стена

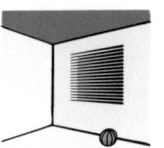

tavan

таван

kiler

изба

sauna

сауна

balkon

балкон

teras

тераса

havuz

плувен басейн

çim biçme makinesi

косачка

çarşaf

спално бельо

yatak örtüsü

покривка за легло

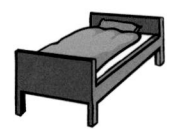

yatak

легло

süpürge

метла

kova

кофа

anahtar

електрически ключ

oturma odası
всекидневна

duvar kağıdı
тапет
resim
картина
lamba
лампа
raf
рафт
dolap
шкаф
televizyon
телевизор
şömine
камина
çiçek
цвете
minder
възглавница
kanepe
канапе
vazo
ваза
uzaktan kumanda
дистанционно управление

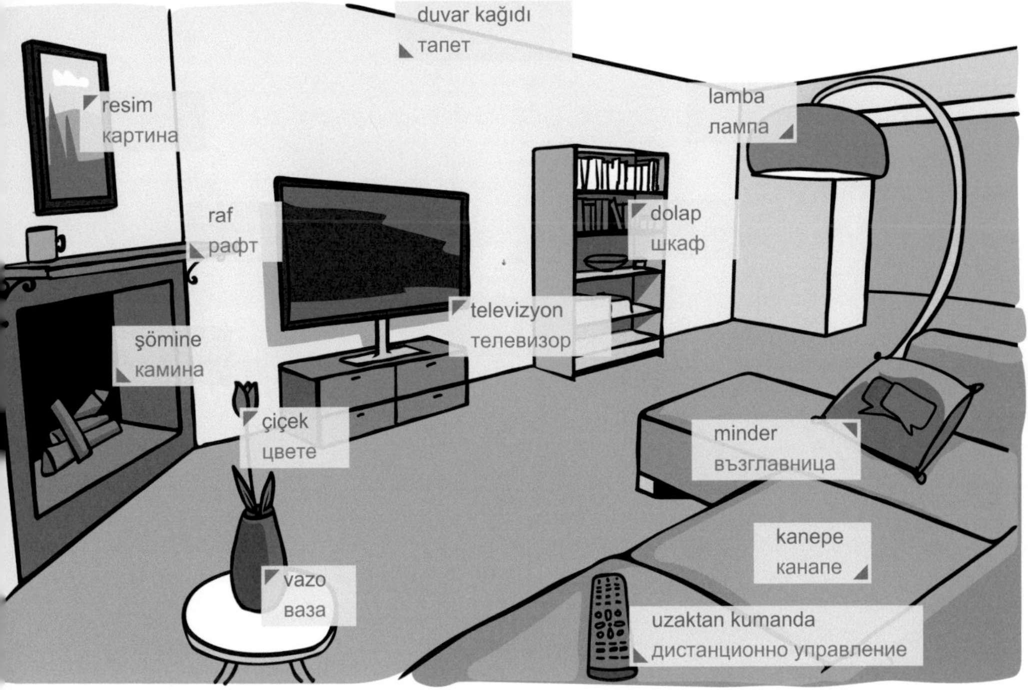

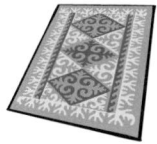

halı

килим

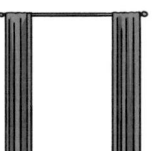

perde

завеса

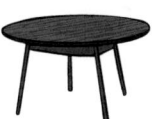

masa

маса

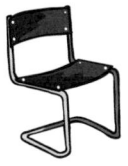

sandalye

стол

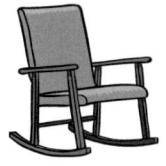

salıncaklı koltuk

люлеещ се стол

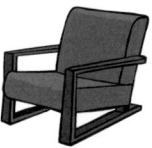

koltuk

кресло

kitap

книга

battaniye

одеяло

dekor

декорация

odun

дърва за отопление

film

филм

hi-fi

стерео уредба

anahtar

ключ

gazete

вестник

tablo

живопис

poster

постер

radyo

радио

defter

бележник

elektrikli süpürge

прахосмукачка

kaktüs

кактус

mum

свещ

mutfak
кухня

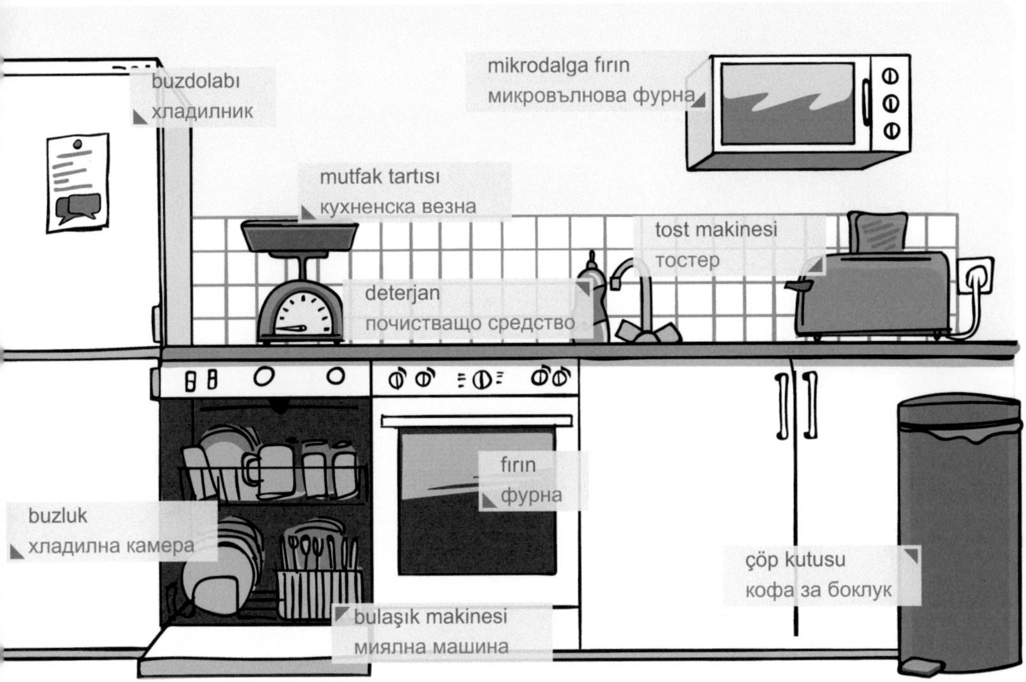

buzdolabı
хладилник
mikrodalga fırın
микровълнова фурна
mutfak tartısı
кухненска везна
tost makinesi
тостер
deterjan
почистващо средство
fırın
фурна
buzluk
хладилна камера
çöp kutusu
кофа за боклук
bulaşık makinesi
миялна машина

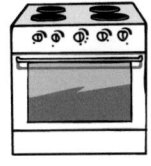

ocak

готварска печка

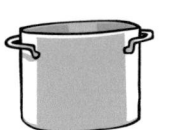

tencere

тенджера

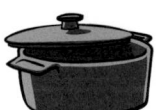

döküm tencere

желязна тенджера

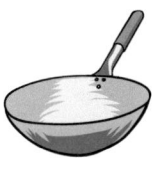

wok

уок / кадаи

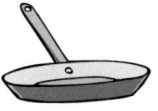

tava

тиган

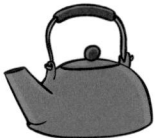

su ısıtıcı

кана за затопляне на вода

buharlı pişirici

уред за готвене на пара

pişirme tepsisi

тава за печене

tabak takımı

съдове

kupa

чаша

kase

купа

çubuk (çin yemeği)

клечки за хранене

kepçe

черпак

spatula

лопатка за тиган

çırpma teli

тел за разбиване (на яйца, белтъци)

süzgeç

кошница за варене

elek

гевгир

rende

ренде

havan

хаван

barbekü

барбекю

açık ateş

огнище

kesme tahtası

дъска

merdane

точилка

tirbüşon

тирбушон

konserve kutusu

кутия

konserve açacağı

отварачка за консерви

fırın eldiveni

кухненска ръкохватка

evye

мивка

fırça

четка

sünger

гъба

blender

миксер

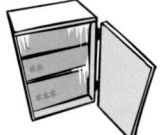

derin dondurucu

фризер

biberon

бебешко шише

musluk

воден кран

banyo
баня

ısıtma
отопление
havlu
хавлиена кърпа
duş
душ
duş perdesi
завеса за баня
köpük banyosu
шампоан за вана
küvet
вана
bardak
стъклена чаша
çamaşır makinesi
перална машина
musluk
воден кран
fayans
плочки
lazımlık
гърне
evye
мивка

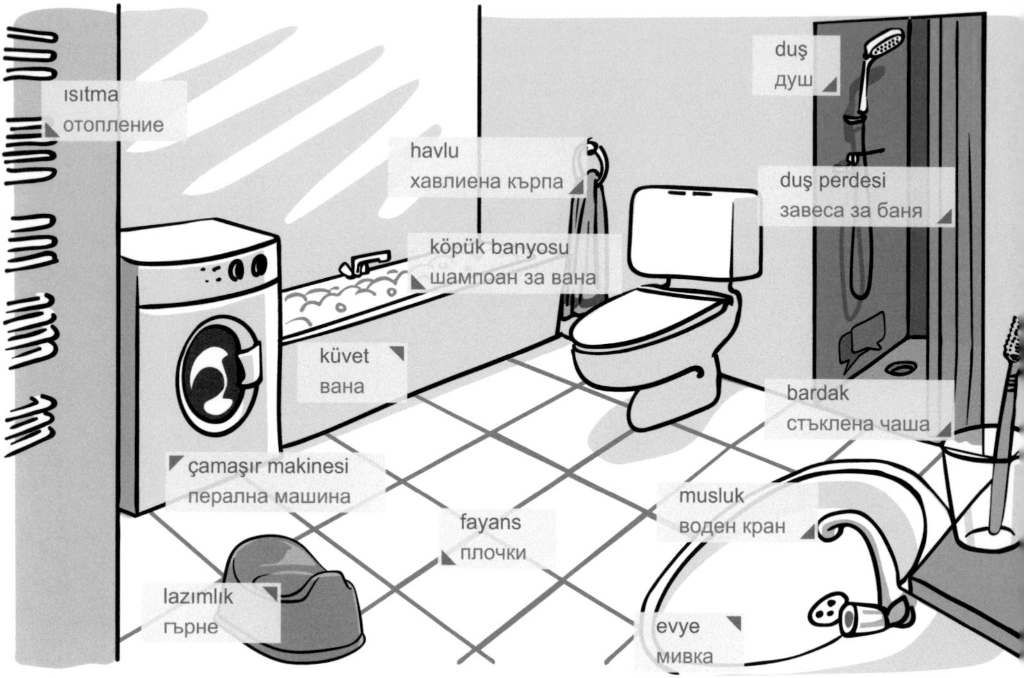

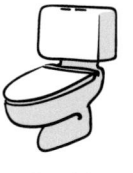

tuvalet

тоалетна

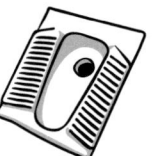

alaturka tuvalet

клекало

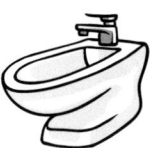

bide

биде

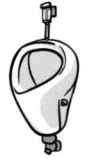

pisuvar

писоар

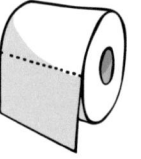

tuvalet kağıdı

тоалетна хартия

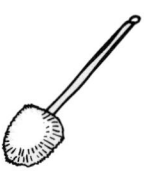

tuvalet fırçası

четка за тоалетна

diş fırçası

четка за зъби

diş macunu

паста за зъби

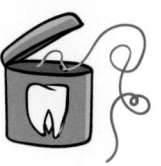

diş ipi

конец за зъби

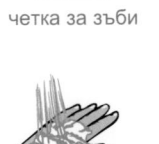

yıkamak

мия

duş başlığı

ръчен душ

duş başlığı şeklinde taharet musluğu

интимен душ

küvet

леген

banyo fırçası

четка за гръб

sabun

сапун

duş jeli

душ гел

şampuan

шампоан за вана

banyo lifi

гъба за баня

gider

сифон

krem

крем

deodorant

дезодорант

ayna

огледало

el aynası

козметично огледало

jilet

ръчна самобръсначка

tıraş köpüğü

пяна за бръснене

tıraş losyonu

одеколон за след бръснене

tarak

гребен

fırça

четка

saç kurutma makinesi

сешоар

saç spreyi

спрей за коса

makyaj

грим

ruj

червило

tırnak cilası

лак за нокти

pamuk

памук

tırnak makası

ножица за нокти

parfüm

парфюм

makyaj çantası

тоалетна чантичка

tabure

табуретка

tartı

везна

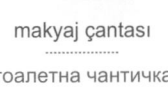

bornoz

хавлия

lastik eldiven

домакински ръкавици

tampon

тампон

kadın pedi

дамски превръзки

kimyevi tuvalet

химическа тоалетна

çocuk odası
детска стая

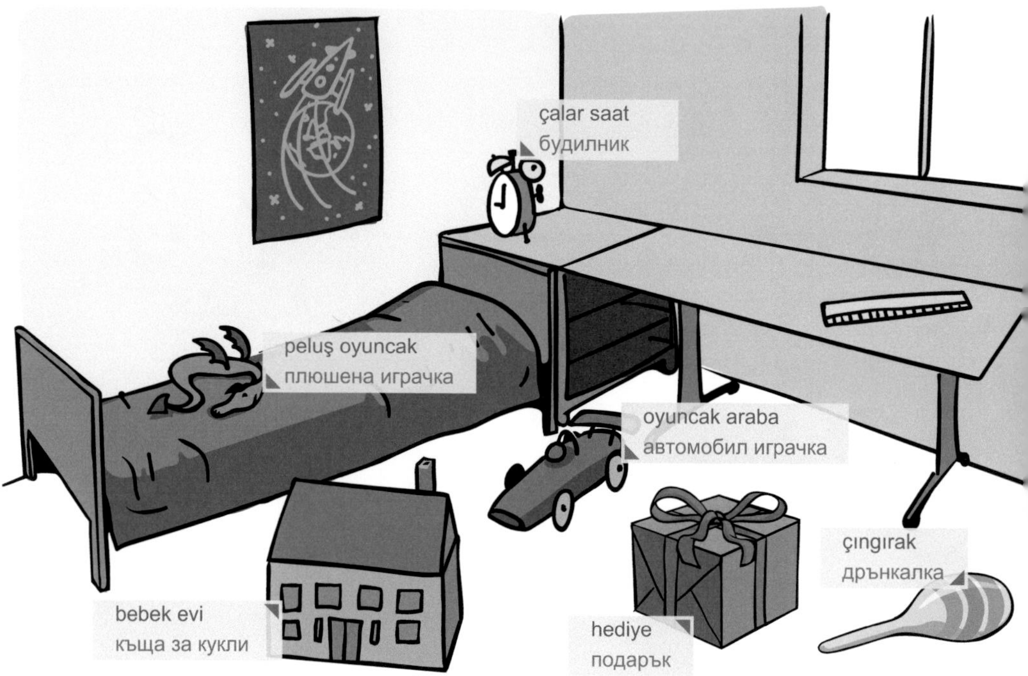

çalar saat
будилник
peluş oyuncak
плюшена играчка
oyuncak araba
автомобил играчка
çıngırak
дрънкалка
bebek evi
къща за кукли
hediye
подарък

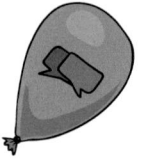

balon
балон

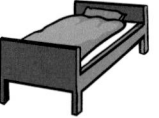

yatak
легло

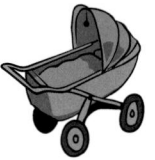

bebek arabası
детска количка

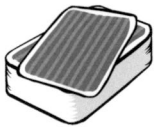

kart destesi
игра на карти

yapboz
пъзел

SUPER MEGA

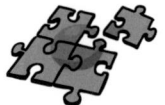

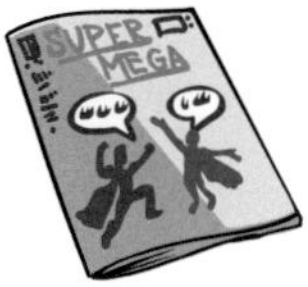

çizgi roman
комикс

lego tuğlaları

лего елементи

lego blokları

строителни елементи

aksiyon figürü

екшън фигурка

zıbın

бебешки гащеризон

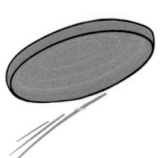

frizbi

фрисби

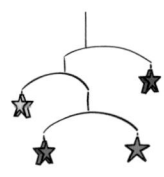

dönence

бебешки играчки за легло

masa oyunu

настолна игра

zar

зарче

model tren seti

миниатюрно влакче

emzik

биберон

parti

парти

resimli kitap

детска книга с илюстрации

top

топка

oyuncak bebek

кукла

oynamak

играя

kum havuzu

пясъчник

salıncak

люлка

oyuncaklar

играчка

video oyun konsolu

игрова конзола

üç tekerlekli bisiklet

велосипед с три колелета

oyuncak ayı

плюшено мече

gardırop

гардероб

kıyafet

облекло

çorap

къси чорапи

külotlu çorap

дълги чорапи

tayt

чорапогащник

eşarp
шал

şemsiye
чадър

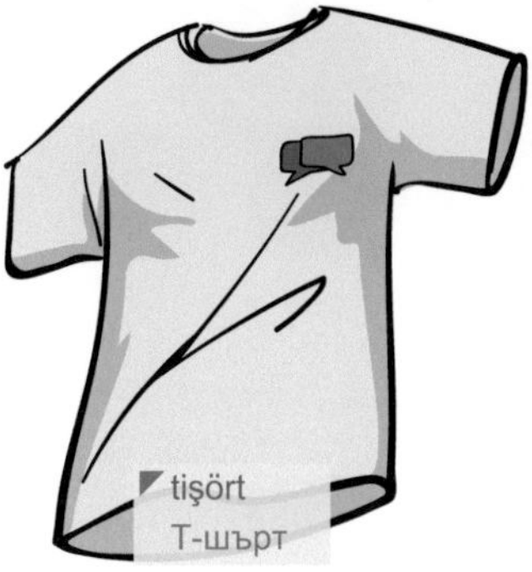

tişört
Т-шърт

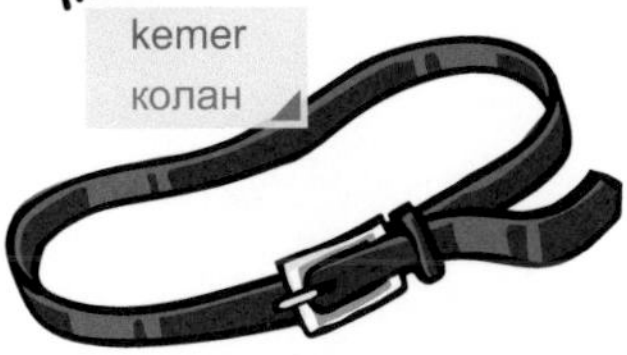

kemer
колан

bot
ботуши

terlik
пантофи

spor ayakkabı
гуменки

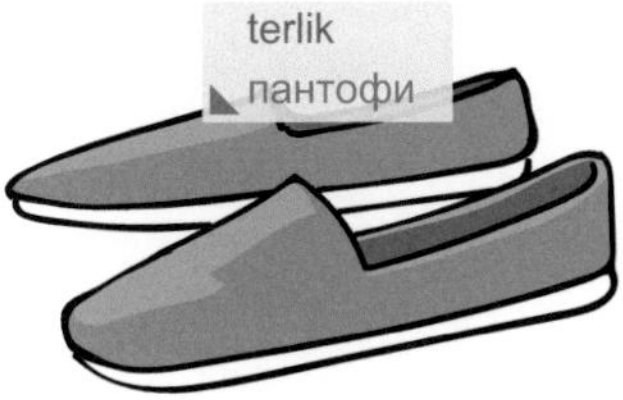

sandalet

сандали

ayakkabı

обувки

lastik çizme

гумени ботуши

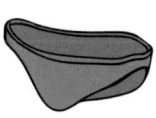

külot

слип

sütyen

сутиен

yelek

долна блуза

dar bluz

боди

pantolon

панталон

kot pantolon

дънки

etek

пола

bluz

блуза

gömlek

риза

kazak

пуловер

süveter

суичър

blazer

блейзър

ceket

яке

mont

палто

yağmurluk

дъждобран

kostüm

костюм

elbise

рокля

gelinlik

булчинска рокля

takım elbise

костюм

gecelik

нощница

pijama

пижама

sari

сари

baş örtüsü

кърпа за глава

türban

тюрбан

burka

бурка

kaftan

кафтан

çarşaf

абая

mayo

бански костюм

erkek mayosu

плувни шорти

şort

къс панталон

eşofman

анцуг

önlük

престилка

eldiven

ръкавици

düğme

копче

gözlük

очила

bilezik

гривна

kolye

верижка

yüzük

пръстен

küpe

обеца

kep

каскет

portmanto

закачалка

şapka

шапка

kravat

вратовръзка

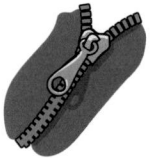

fermuar

цип

kask

каска

pantolon askısı

тиранти

okul forması

ученическа униформа

üniforma

униформа

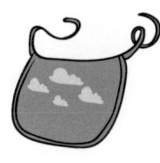

mama önlüğü

лигавник

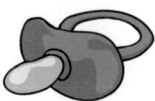

emzik

биберон

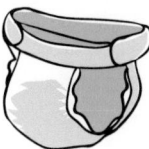

bebek bezi

пелена

ofis

офис

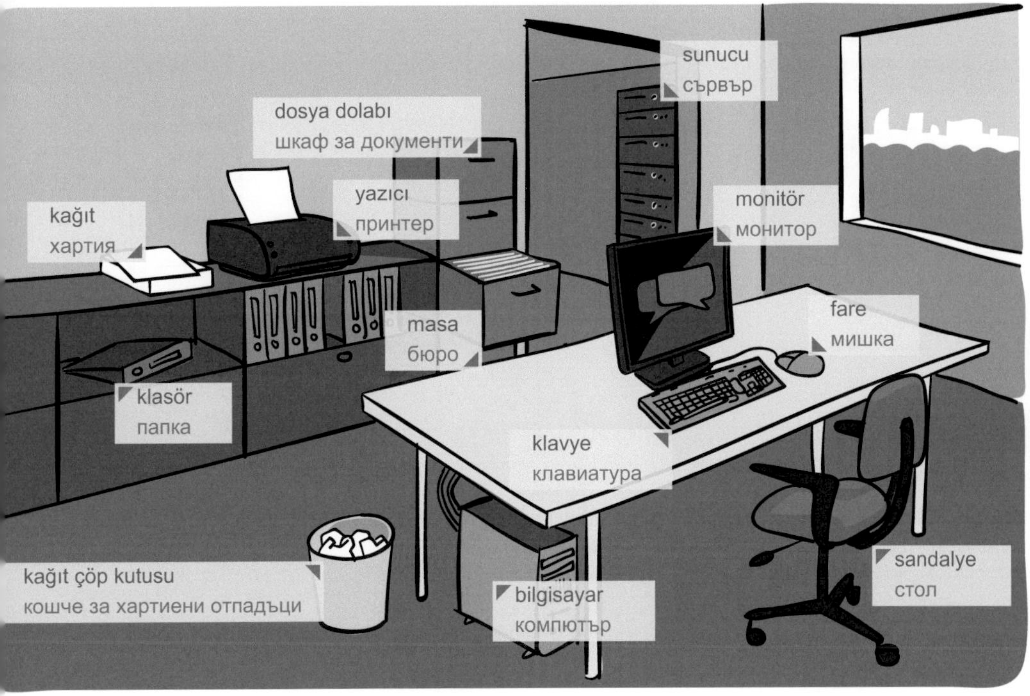
sunucu
сървър
dosya dolabı
шкаф за документи
yazıcı
принтер
kağıt
хартия
monitör
монитор
fare
мишка
masa
бюро
klasör
папка
klavye
клавиатура
kağıt çöp kutusu
кошче за хартиени отпадъци
bilgisayar
компютър
sandalye
стол

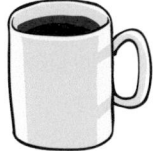

kahve fincanı

чаша за кафе

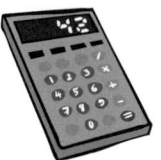

hesap makinesi

джобен калкулатор

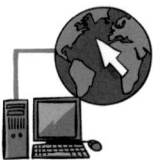

internet

интернет

dizüstü

лаптоп

mektup

писмо

mesaj

съобщение

cep telefonu

мобилен телефон

ağ

мрежа

fotokopi makinesi

ксерокс

yazılım

софтуер

telefon

телефон

priz

контакт

faks makinesi

факс

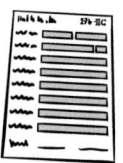

form

формуляр

belge

документ

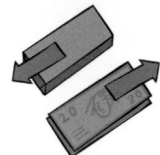

satın almak

купувам

ödemek

плащам

ticaret yapmak

търгувам

para

пари

 USD

dolar

долар

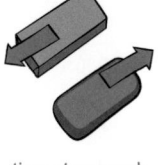 EUR

avro

евро

 JPY

yen

йена

 RUB

ruble

рубла

 CHF

İsviçre frangı

швейцарски франк

 CNY

Çin yuanı

ренминби юан

 INR

rupi

рупия

kasa

банкомат

döviz bürosu

обменно бюро

altın

злато

gümüş

сребро

petrol

нефт

enerji

енергия

fiyat

цена

kontrat

договор

vergi

данък

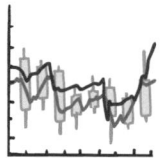

menkul değer

акция

çalışmak

работя

işveren

служител

işçi

работодател

fabrika

фабрика

mağaza

магазин за цветя

meslekler

професии

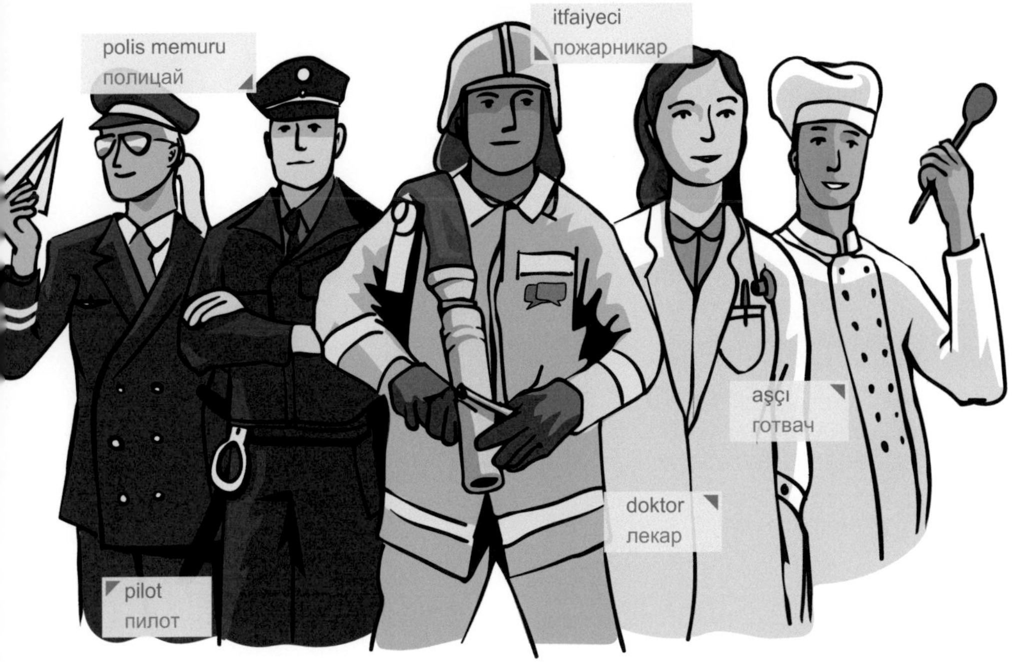

polis memuru
полицай
itfaiyeci
пожарникар
aşçı
готвач
doktor
лекар
pilot
пилот

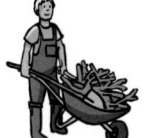

bahçıvan

градинар

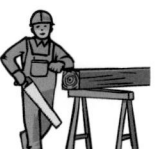

marangoz

мебелист

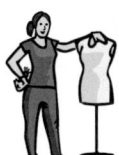

terzi

шивачка

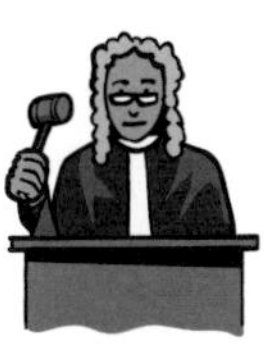

hakim

съдия

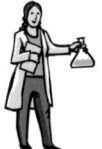

kimyager

химик

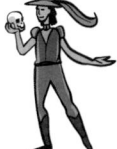

aktör

артист

otobüs şoförü

шофьор на автобус

taksi şoförü

шофьор на такси

balıkçı

рибар

temizlikçi

чистачка

çatı ustası

майстор на покриви

garson

келнер

avcı

ловец

boyacı

художник

fırıncı

хлебар

elektrikçi

електротехник

inşaatçı

строителен работник

mühendis

инженер

kasap

касапин

muslukçu

тенекеджия

postacı

пощальон

asker

войник

mimar

архитект

kasiyer

касиер

çiçekçi

цветар

kuaför

фризьор

kondüktör

кондуктор

tamirci

механик

kaptan

капитан

dişçi

зъболекар

bilim insanı

научен работник

haham

равин

imam

имàм

keşiş

монах

rahip

свещеник

aletler

инструменти

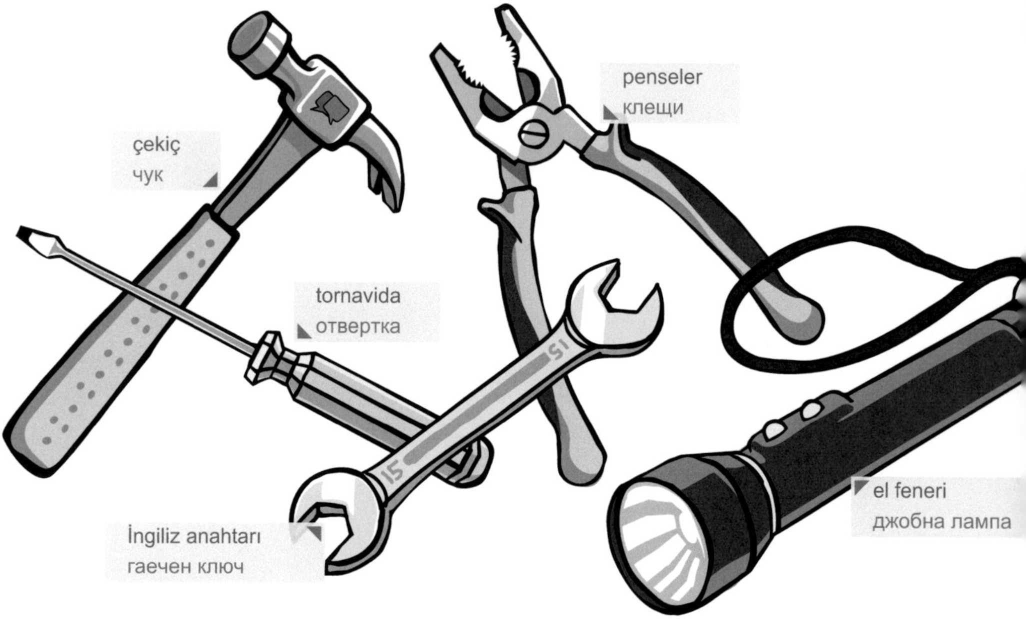
penseler
клещи
çekiç
чук
tornavida
отвертка
el feneri
джобна лампа
İngiliz anahtarı
гаечен ключ

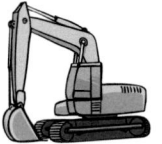

kazı makinesi

багер

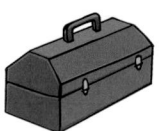

alet çantası

кутия за инструменти

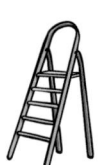

merdiven

стълба

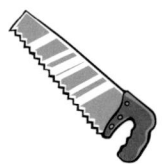

testere

трион

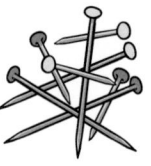

çiviler

пирони

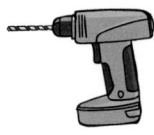

matkap

бормашина

tamir etmek

ремонтирам

kürek

лопата

Kahretsin!

По дяволите!

faraş

лопатка за смет

boya tenekesi

кутия за боя

vidalar

болтове

müzik enstrümanı
музикални инструменти

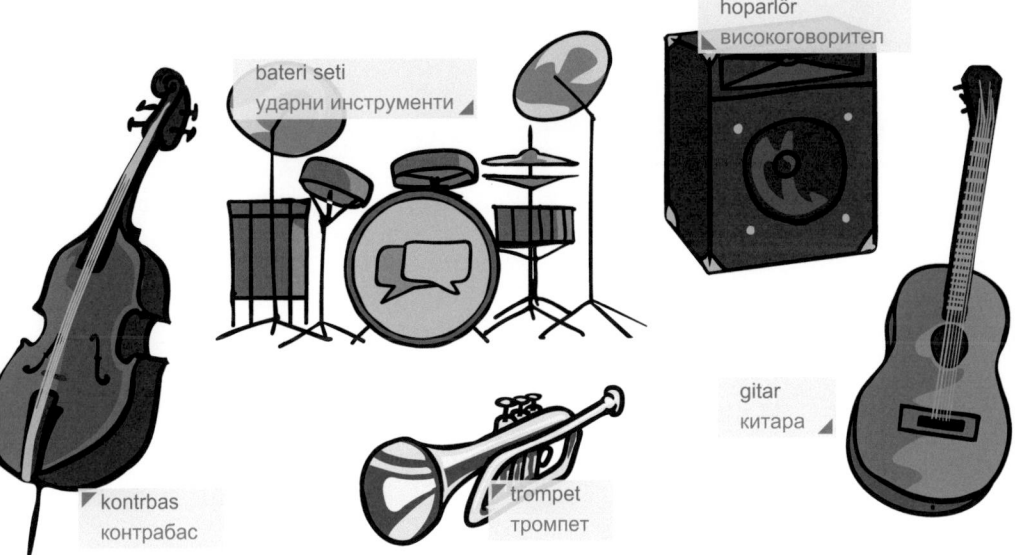

hoparlör
високоговорител

bateri seti
ударни инструменти

gitar
китара

kontrbas
контрабас

trompet
тромпет

piyano

пиано

keman

виолина

basgitar

контрабас

timpani

тимпан

bateri

барабан

klavye

електрическо пиано

saksafon

саксофон

flüt

флейта

mikrofon

микрофон

hayvanat bahçesi
зоологическа градина

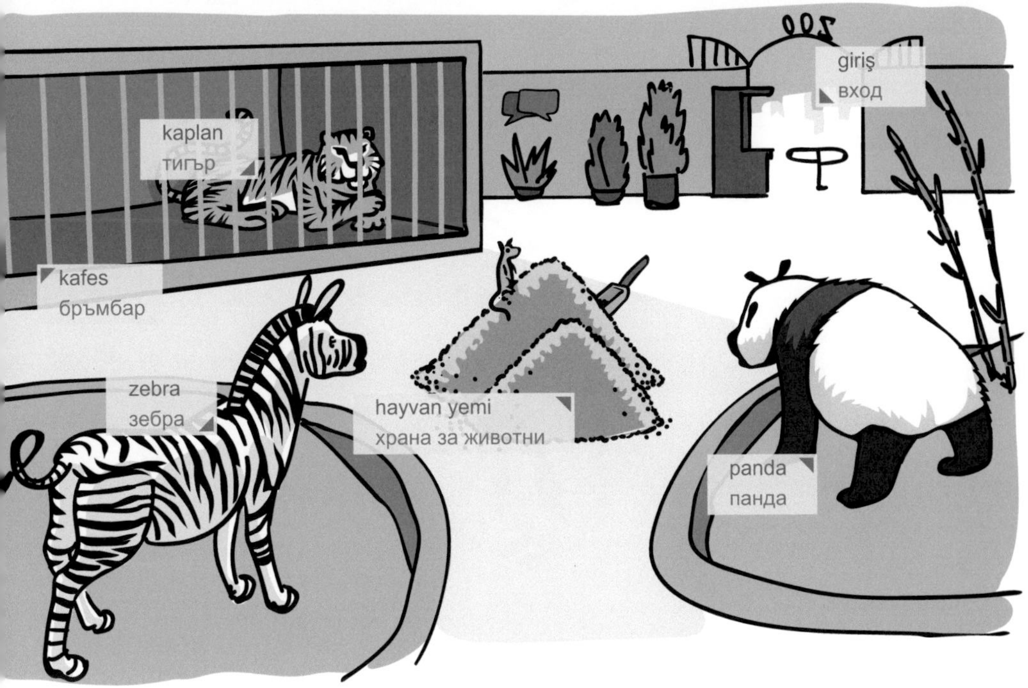

kaplan
тигър

giriş
вход

kafes
бръмбар

zebra
зебра

hayvan yemi
храна за животни

panda
панда

hayvanlar

животни

fil

слон

kanguru

кенгуру

gergedan

носорог

goril

горила

ауı

мечка

deve

камила

deve kuşu

щраус

aslan

лъв

maymun

маймуна

flamingo

фламинго

papağan

папагал

kutup ayısı

бяла мечка

penguen

пингвин

köpek balığı

акула

tavus kuşu

паун

yılan

змия

timsah

крокодил

hayvanat bahçesi görevlisi

пазач в зоологическа
градина

fok

тюлен

jaguar

ягуар

midilli atı

пони

leopar

леопард

su aygırı

хипопотам

zürafa

жираф

kartal

орел

yaban domuzu

диво прасе

balık

риба

kaplumbağa

костенурка

mors

морж

tilki

лисица

ceylan

газела

amerikan futbolu
американски футбол

bisiklete binme
колоездене

tenis
тенис

basketbol
баскетбол

yüzme
плуване

boks
бокс

buz hokeyi
хокей на лед

futbol
футбол

badminton
бадминтон

atletizm
лека атлетика

hentbol
хандбал

kayak
ски бягане

polo
поло

etkinlikler
дейности

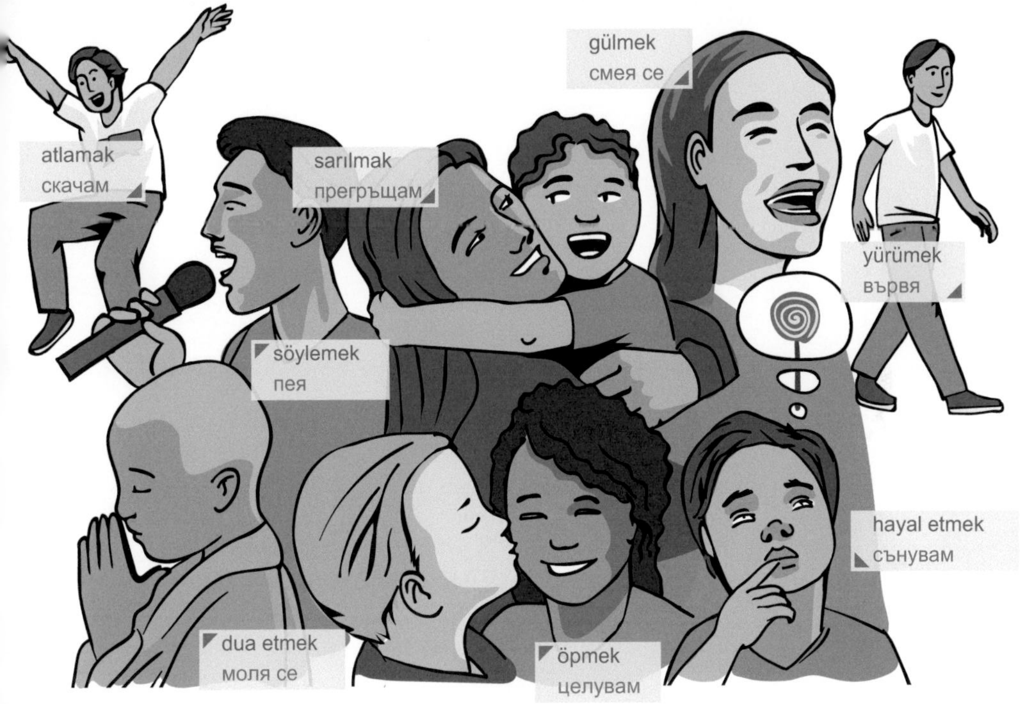

gülmek
смея се
atlamak
скачам
sarılmak
прегръщам
yürümek
вървя
söylemek
пея
hayal etmek
сънувам
dua etmek
моля се
öpmek
целувам

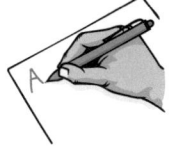

yazmak

пиша

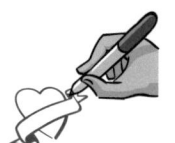

çizmek

рисувам

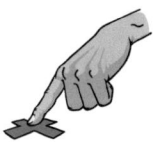

göstermek

показвам

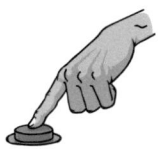

itmek

бутам

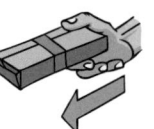

vermek

давам

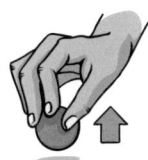

almak

взимам

sahip olmak

имам

yapmak

правя

olmak

съм

ayakta durmak

стоя

koşmak

тичам

çekmek

дърпам

atmak

хвърлям

düşmek

падам

yalan söylemek

лежа

beklemek

чакам

taşımak

нося

oturmak

седя

giyinmek

обличам

uyumak

спя

uyanmak

събуждам се

bakmak

разглеждам

ağlamak

плача

vurmak

милвам

taramak

реша се

konuşmak

говоря

anlamak

разбирам

sormak

питам

dinlemek

слушам

içmek

пия

yemek

ям

düzenlemek

разтребвам

sevmek

обичам

pişirmek

готвя

sürmek

карам автомобил

uçmak

летя

denize açılmak

плавам (с платна)

hesapla

смятане

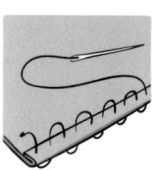

okumak

чета

öğrenmek

уча

çalışmak

работя

evlenmek

⟡ женя се

dikmek

шия

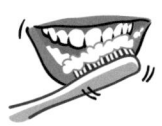

diş fırçalamak

измивам си зъбите

öldürmek

убивам

sigara içmek

пуша

yollamak

изпращам

aile

семейство

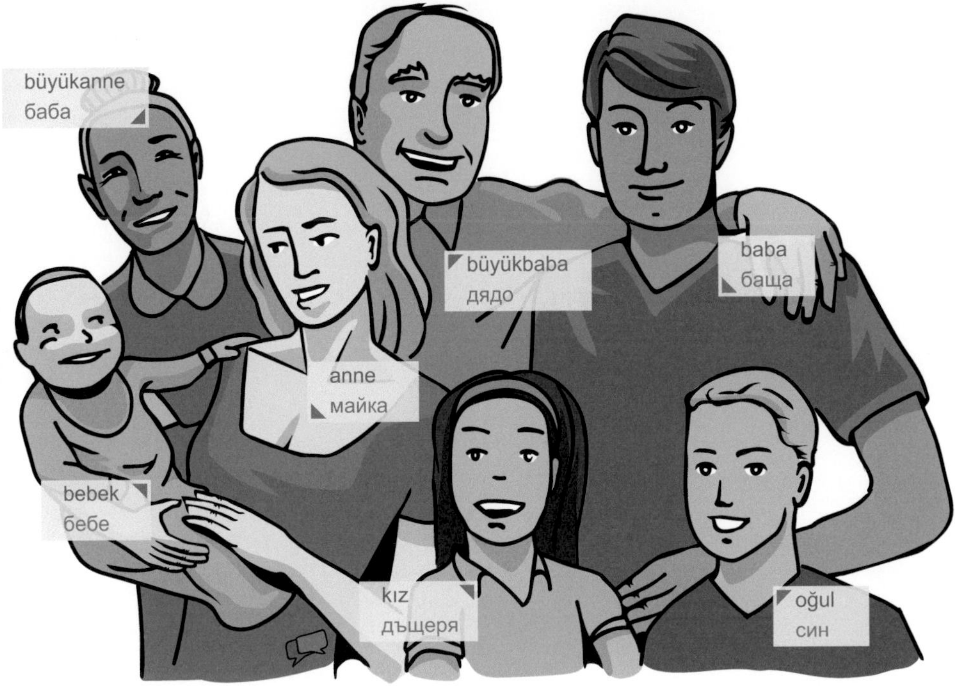

büyükanne
баба
büyükbaba
дядо
baba
баща
anne
майка
bebek
бебе
kız
дъщеря
oğul
син

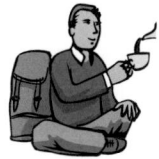

misafir

посетител

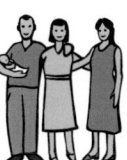

teyze

леля

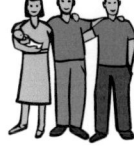

amca

чичо

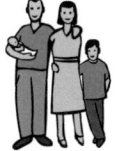

erkek kardeş

брат

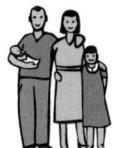

kız kardeş

сестра

vücut

тяло

alın
чело
göz
око
omuz
рамо
parmak
пръст
yüz
лице
çene
брадичка
el
ръка
göğüs
гърди
bacak
крак
kol
ръка

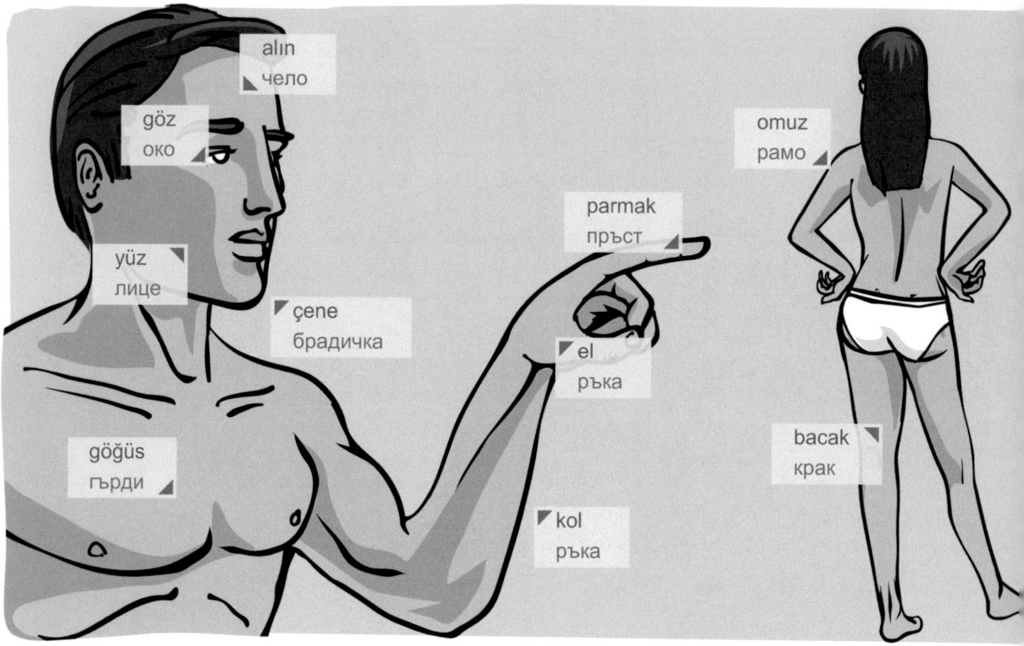

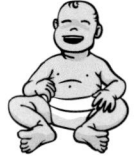

bebek

бебе

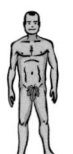

adam

мъж

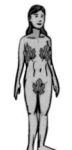

kadın

жена

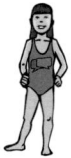

kız

момиче

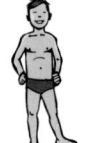

erkek çocuk

момче

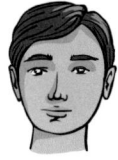

baş

глава

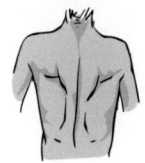

sırt

гръб

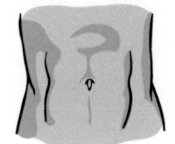

karın

корем

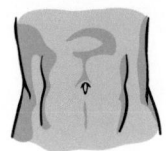

göbek

пъп

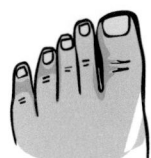

ayak parmağı

пръст на крака

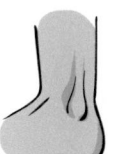

topuk

пета

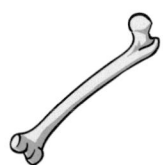

kemik

кост

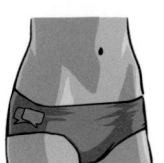

kalça

хълбок

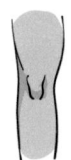

diz

коляно

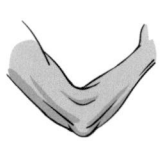

dirsek

лакът

burun

нос

kalça

седалище

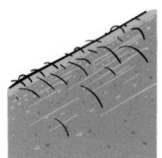

deri

кожа

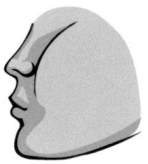

yanak

буза

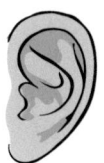

kulak

ухо

dudak

устна

ağız

уста

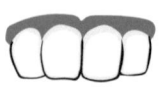

diş

зъб

dil

език

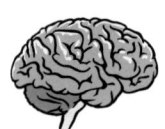

beyin

мозък

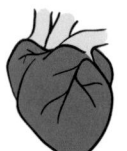

kalp

сърце

kas

мускул

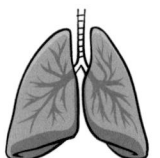

akciğer

бял дроб

karaciğer

черен дроб

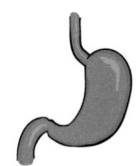

mide

стомах

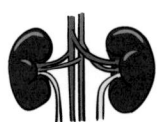

böbrekler

бъбреци

seks

полово сношение

prezervatif

кондом

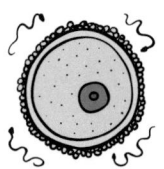

yumurtalık

яйцеклетка

sperm

сперма

hamilelik

бременност

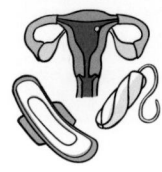

regl

менструация

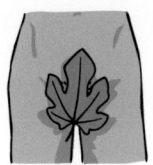

vajina

вагина

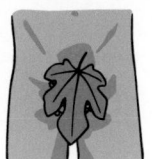

penis

пенис

kaş

вежда

saç

коса

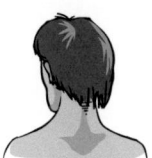

boyun

шия

hastane

болница

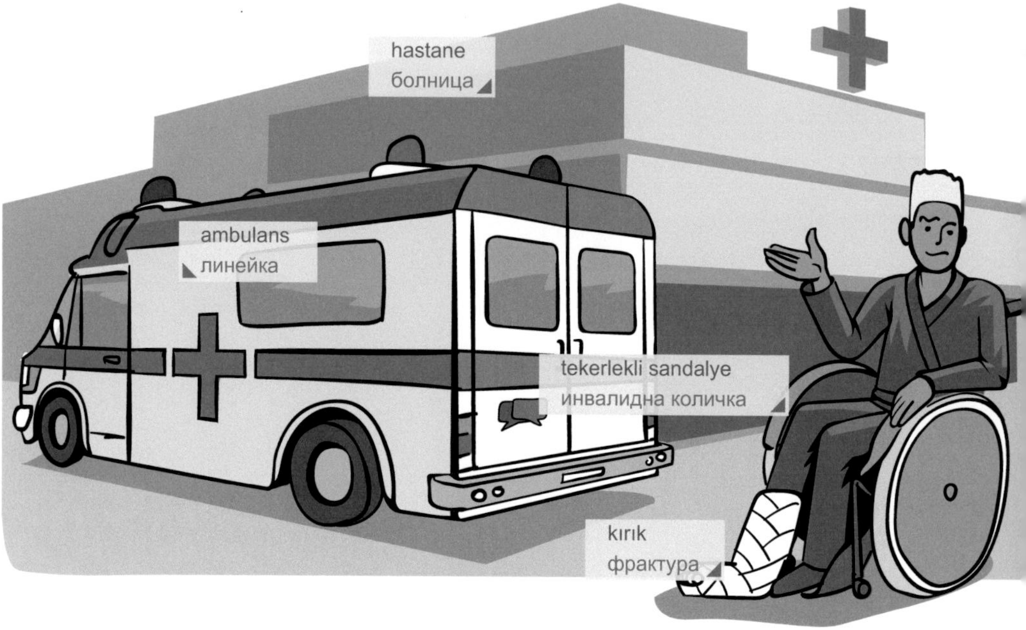

hastane
болница
ambulans
линейка
tekerlekli sandalye
инвалидна количка
kırık
фрактура

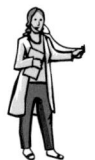

doktor

лекар

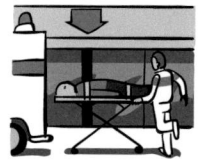

acil servis

спешна хоспитализация

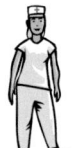

hemşire

медицинска сестра

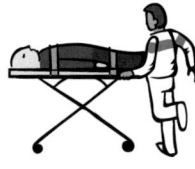

acil

спешен случай

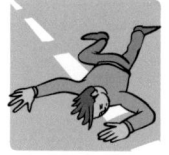

baygın

в безсъзнание

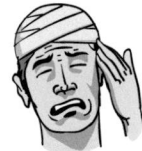

acı

болка

yaralanma

нараняване

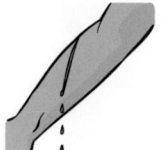

kanama

кървене

kalp krizi

инфаркт

felç

инсулт

alerji

алергия

öksürük

кашлица

ateş

температура

grip

грип

ishal

диария

baş ağrısı

главоболие

kanser

рак

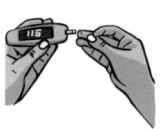

şeker hastalığı

диабет

cerrah

хирург

neşter

скалпел

operasyon

операция

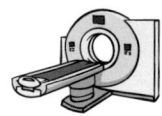

bilgisayarlı tomografi

компютърна томография

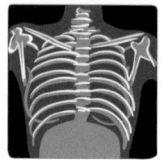

röntgen

рентген

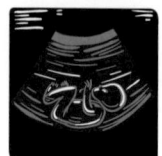

ultrason

ултразвук

yüz maskesi

маска

hastalık

болест

bekleme odası

чакалня

koltuk değneği

патерица

yara bandı

пластир

bandaj

превръзка

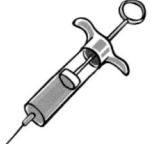

enjeksiyon

инжекция

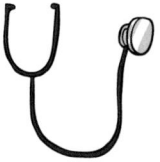

steteskop

стетоскоп

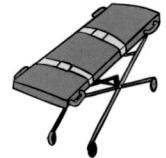

sedye

носилка

tıbbi termometre

термометър

doğum

раждане

fazla kilo

наднормено тегло

işitme cihazı

слухов апарат

dezenfektan

дезинфекционно средство

enfeksiyon

инфекция

virüs

вирус

HIV / AIDS

HIV / AIDS

ilaç

медицина

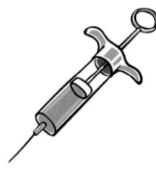

aşı

ваксинация

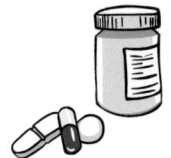

tablet

таблети

hap

противозачатъчна
таблетка

acil çağrı

спешно телефонно
обаждане

tansiyon aleti

апарат за измерване на
кръвното налягане

hasta / sağlıklı

болен / здрав

İmdat!

Помощ!

alarm

сигнал за тревога

darp

нападение

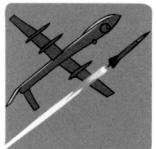

saldırı

атака

tehlike

опасност

acil çıkış

авариен изход

Yangın!

Пожар!

yangın tüpü

пожарогасител

kaza

злополука

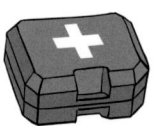

ilk yardım çantası

комплект за оказване на
първа помощ

imdat

SOS

polis

полиция

Avrupa

Европа

Kuzey Amerika

Северна Америка

Güney amerika

Южна Америка

Afrika

Африка

Asya

Азия

Avustralya

Австралия

Atlantik

Атлантически океан

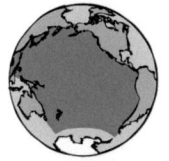

Pasifik

Тихи океан

Hint Okyanusu

Индийски океан

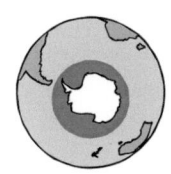

Antarktika Okyanusu

Южен ледовит океан

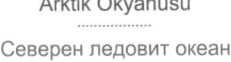

Arktik Okyanusu

Северен ледовит океан

Kuzey Kutbu

Северен полюс

Güney Kutbu

Южен полюс

Antarktika

Антарктида

dünya

Земя

kara

суша

deniz

море

ada

остров

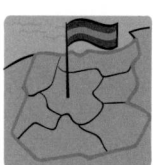

ulus

нация

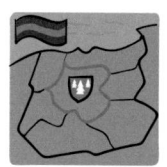

ülke

държава

kadran

циферблат

akrep

стрелка на часовете

yelkovan

стрелка на минутите

saniye ibresi

стрелка на секундите

Saat kaç?

Колко е часът?

gün

ден

zaman

време

şimdi

сега

dijital saat

дигитален часовник

dakika

минута

saat

час

hafta

седмица

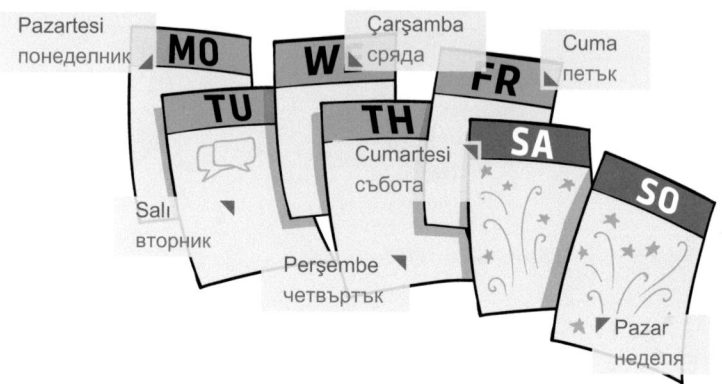

Pazartesi
понеделник

MO

Çarşamba
сряда

W

Cuma
петък

FR

TU

TH

SA

Salı
вторник

Cumartesi
събота

SO

Perşembe
четвъртък

Pazar
неделя

dün

вчера

bugün

днес

yarın

утре

sabah

сутрин

öğle

обед

akşam

вечер

MO	TU	WE	TH	FR	SA	SU
1	2	3	4	5	6	7
8	9	10	11	12	13	14
15	16	17	18	19	20	21
22	23	24	25	26	27	28
29	30	31	1	2	3	4

iş günleri

работни дни

MO	TU	WE	TH	FR	SA	SU
1	2	3	4	5	6	7
8	9	10	11	12	13	14
15	16	17	18	19	20	21
22	23	24	25	26	27	28
29	30	31	1	2	3	4

hafta sonu

уикенд

yağmur
дъжд

gökkuşağı
дъга

kara
сняг

rüzgar
вятър

bahar
пролет

sonbahar
есен

yaz
лято

kış
зима

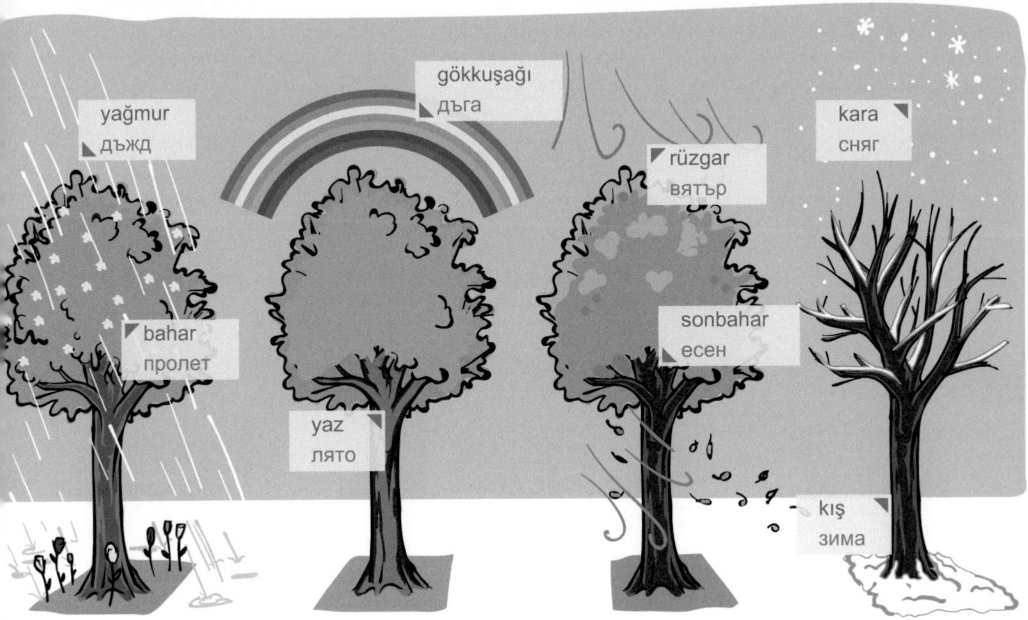

hava durumu tahmini

прогноза за времето

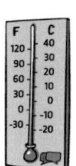

termometre

термометър

güneş ışığı

слънчева светлина

bulut

облак

sis

мъгла

nem

влажност на въздуха

şimşek

светкавица

gök gürültüsü

гръмотевица

fırtına

буря

dolu

градушка

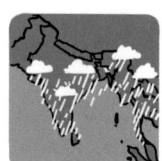

muson

мусон

sel

наводнение

buz

лед

Ocak

януари

Şubat

февруари

Mart

март

Nisan

април

Mayıs

май

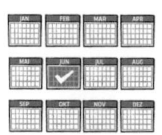

Haziran

юни

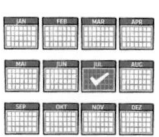

Temmuz

юли

Ağustos

август

yıl - година

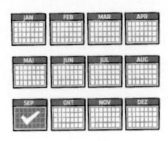

Eylül

септември

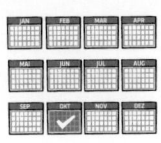

Ekim

октомври

Kasım

ноември

Aralık

декември

daire

кръг

kare

квадрат

dikdörtgen

четириъгълник

üçgen

триъгълник

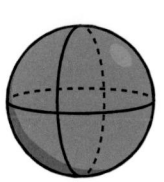

küre

сфера

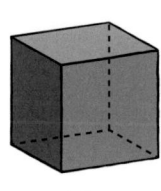

küp

куб

beyaz

бял

sarı

жълт

turuncu

оранжев

pembe

розов

kırmızı

червен

mor

лилав

mavi

син

yeşil

зелен

kahverengi

кафяв

gri

сив

siyah

черен

çok / az

много / малко

kızgın / sakin

ядосан / спокоен

güzel / çirkin

красив / грозен

başlangıç / son

начало / край

büyük / küçük

голям / малък

parlak / karanlık

светъл / тъмен

erkek kardeş / kız kardeş

брат / сестра

temiz / kirli

чист / мръсен

tamam / eksik

пълен / непълен

gün / gece

ден / нощ

ölü / canlı

мъртъв / жив

geniş / dar

широк / тесен

yenilebilir / yenilemez

ядлив / неядлив

kötü / iyi

сърдит / любезен

heyecanlı / sıkılmış

развълнуван / скучаещ

şişman / zayıf

дебел / тънък

ilk / son

най-напред / най-накрая

dost / düşman

приятел / враг

dolu / boş

пълен / празен

sert / yumuşak

твърд / мек

ağır / hafif

тежък / лек

açlık / susuzluk

глад / жажда

hasta / sağlıklı

болен / здрав

yasa dışı / yasal

нелегален / легален

zeki / aptal

интелигентен / глупав

sol / sağ

ляво / дясно

yakın / uzak

близо / далече

yeni / kullanılmış

нов / употребяван

hiçbir şey / bir şey

нищо / нещо

yaşlı / genç

стар / млад

açma / kapama

вкл. / изкл.

açık / kapalı

отворен / затворен

sessiz / gürültülü

тих / силен (звук)

zengin / fakir

богат / беден

doğru / yanlış

правилен / погрешен

pürüzlü / düz

грапав / гладък

üzgün / mutlu

тъжен / щастлив

kısa / uzun

дълъг / къс

yavaş / hızlı

бавен / бърз

ıslak / kuru

мокър / сух

sıcak / serin

топъл / студен

savaş / barış

война / мир

0

sıfır

нула

1

bir

едно

2

iki

две

3

üç

три

4

dört

четири

5

beş

пет

6

altı

шест

7

yedi

седем

8

sekiz

осем

9

dokuz

девет

10

on

десет

11

on bir

единадесет

12

on iki

дванадесет

13

on üç

тринадесет

14

on dört

четиринадесет

15

on beş

петнадесет

16

on altı

шестнадесет

17

on yedi

седемнадесет

18

on sekiz

осемнадесет

19

on dokuz

деветнадесет

20

yirmi

двадесет

100

yüz

сто

1.000

bin

хиляда

1.000.000

milyon

милион

İngilizce

английски

Amerikan İngilizcesi

американски английски

Çince (Mandarin)

китайски мандарин

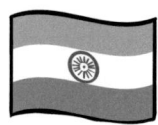

Hintçe

хинди

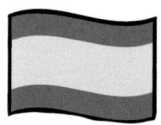

İspanyolca

испански

Fransızca

френски

Arapça

арабски

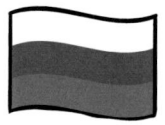

Rusça

руски

Portekizce

португалски

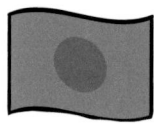

Bengalce

бенгалски

Almanca

немски

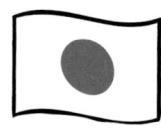

Japonca

японски

ben

аз

sen

ти

o

той / тя / то

biz

ние

siz

вие

onlar

те

kim?

кой?

ne?

какво?

nasıl?

как?

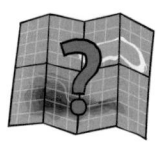

nerede?

къде?

ne zaman?

кога?

isim

име

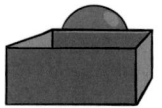

arkasında

зад

içinde

в

önünde

пред

üzerinde

над

üstünde

върху

altında

под

yanında

до

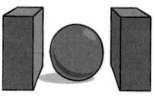

arasında

между

yer

място